Liebe Schülerin, lieber Schüler!

Ich bin dein erstes Religionsbuch.
Ich begleite dich durch das Schuljahr.
Was ich dir anbieten kann?

Viele Bilder, die dich einladen zu schauen, zu staunen, zu **fragen**, immer weiter zu fragen, auch nach Gott ...
Ich **suche** mit dir nach allem, was wichtig ist: für dich, für andere Kinder, für alle Menschen und für die Welt, in der du lebst. Manchmal habe ich auch Antworten für dich, öfter aber wirst du selbst oder gemeinsam mit deiner Klasse nach Antworten suchen.
Das wird spannend werden!
Du findest in mir auch Geschichten, die dir erzählen von der Welt, die dich umgibt, und von interessanten Menschen.
Die Bilder und Geschichten laden dich ein, Spuren Gottes zu **entdecken** in deinem Leben, in der Welt und bei den Menschen.

Übrigens: Relix begleitet dich durch das Schuljahr.

Suche im Buch, wo die Figur überall zu finden ist.
Relix ruft dir zu:

Herzlich willkommen im Religionsunterricht!

fragen – suchen – entdecken
Religion in der Grundschule 1

Herausgegeben von
Dr. Barbara Ort und Ludwig Rendle
mit Beratung von Prof. Dr. Lothar Kuld

Erarbeitet von
Ulla Heitmeier, Margot Eder, Doris Friemel
und Walter Liehmann

Illustriert von Gabriele Hafermaas

Zugelassen durch die Lehrbuchkommission der Deutschen Bischofskonferenz

ISBN 3-466-50643-3 (Kösel)
ISBN 3-403-03251-5 (Auer)

Satz: Kösel-Verlag, München.
Druck und Bindung: Ludwig Auer GmbH, Donauwörth.
Notensatz: Christa Pfletschinger, München.
Umschlagentwurf: Kaselow-Design, München,
unter Verwendung von Illustrationen von Gabriele Hafermaas, Immenhausen.

Der Kösel-Verlag ist Mitglied im Verlagsring Religionsunterricht (VRU).

Kösel / Auer

Inhalt

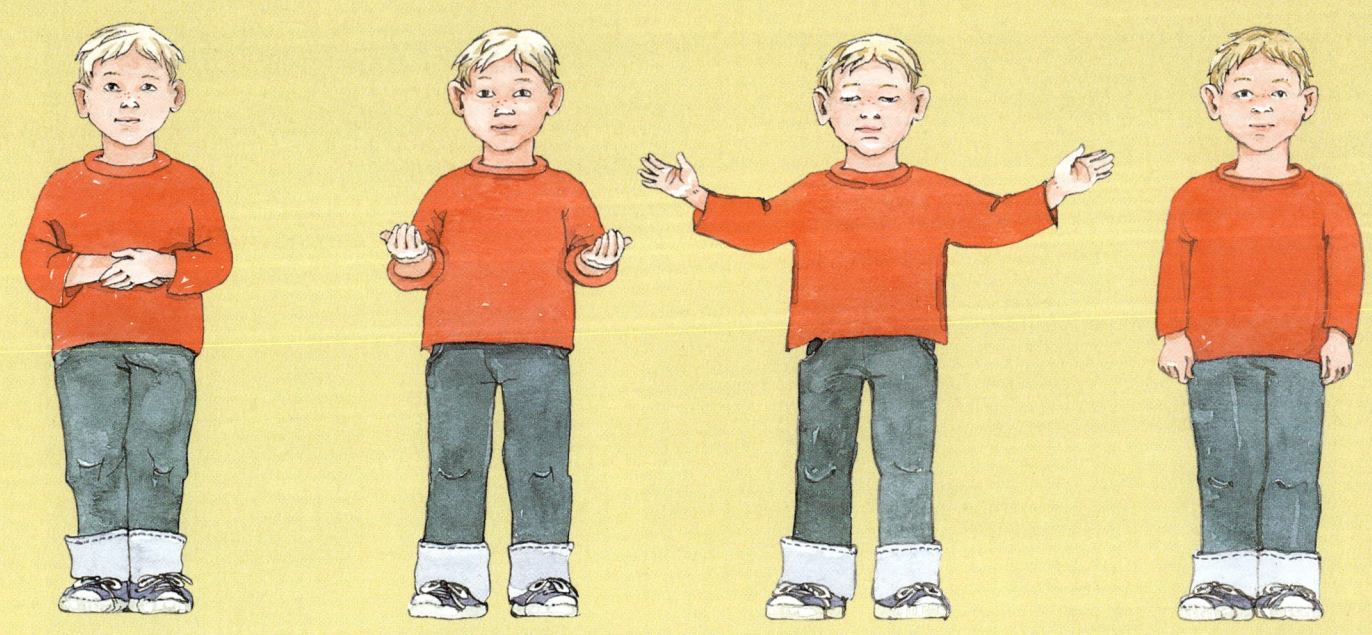

Wir werden jetzt ganz leis

T/M: Monika Zimmermann

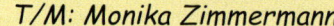

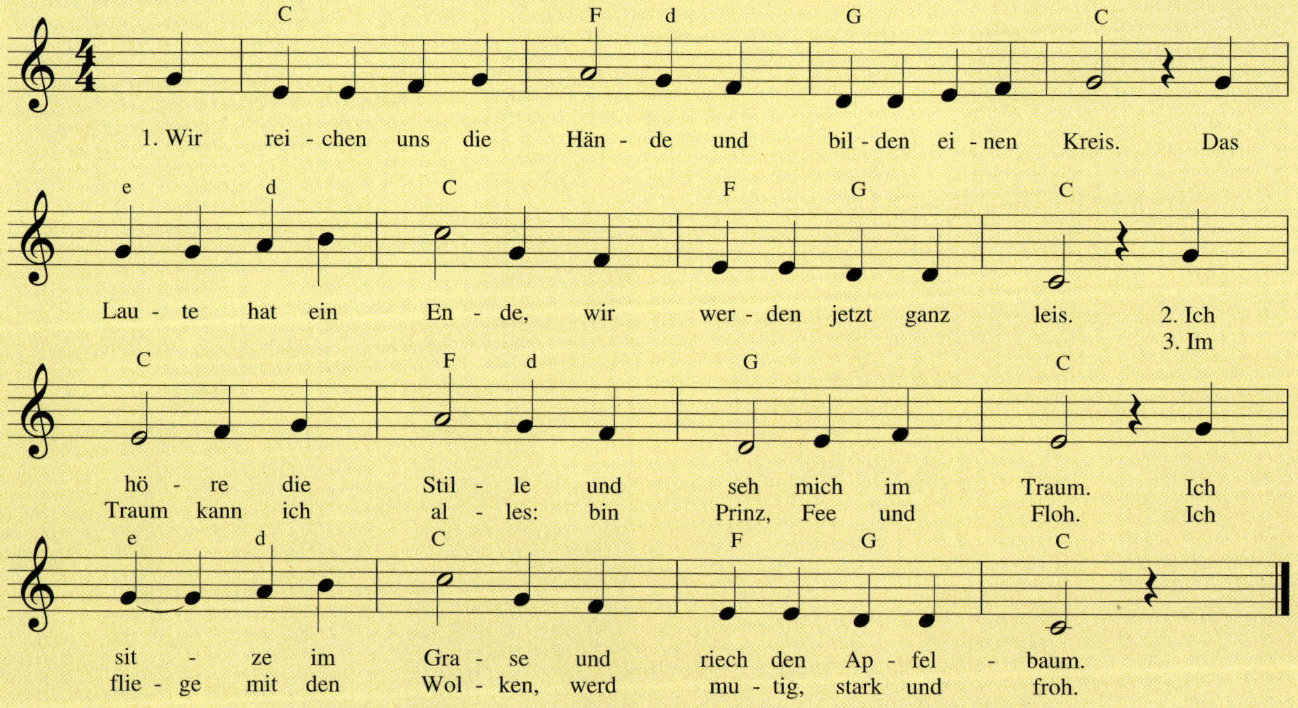

C F d G C
1. Wir rei - chen uns die Hän - de und bil - den ei - nen Kreis. Das
e d C F G C
Lau - te hat ein En - de, wir wer - den jetzt ganz leis. 2. Ich
3. Im
C F d G C
hö - re die Stil - le und seh mich im Traum. Ich
Traum kann ich al - les: bin Prinz, Fee und Floh. Ich
e d C F G C
sit - ze im Gra - se und riech den Ap - fel - baum.
flie - ge mit den Wol - ken, werd mu - tig, stark und froh.

1 Herzlich willkommen im Religionsunterricht!

➤ Was findest du auch in deinem Klassenzimmer?

➤ Suche
mit deinem
Nachbarn
oder deiner
Nachbarin:
Was ist hier
anders?

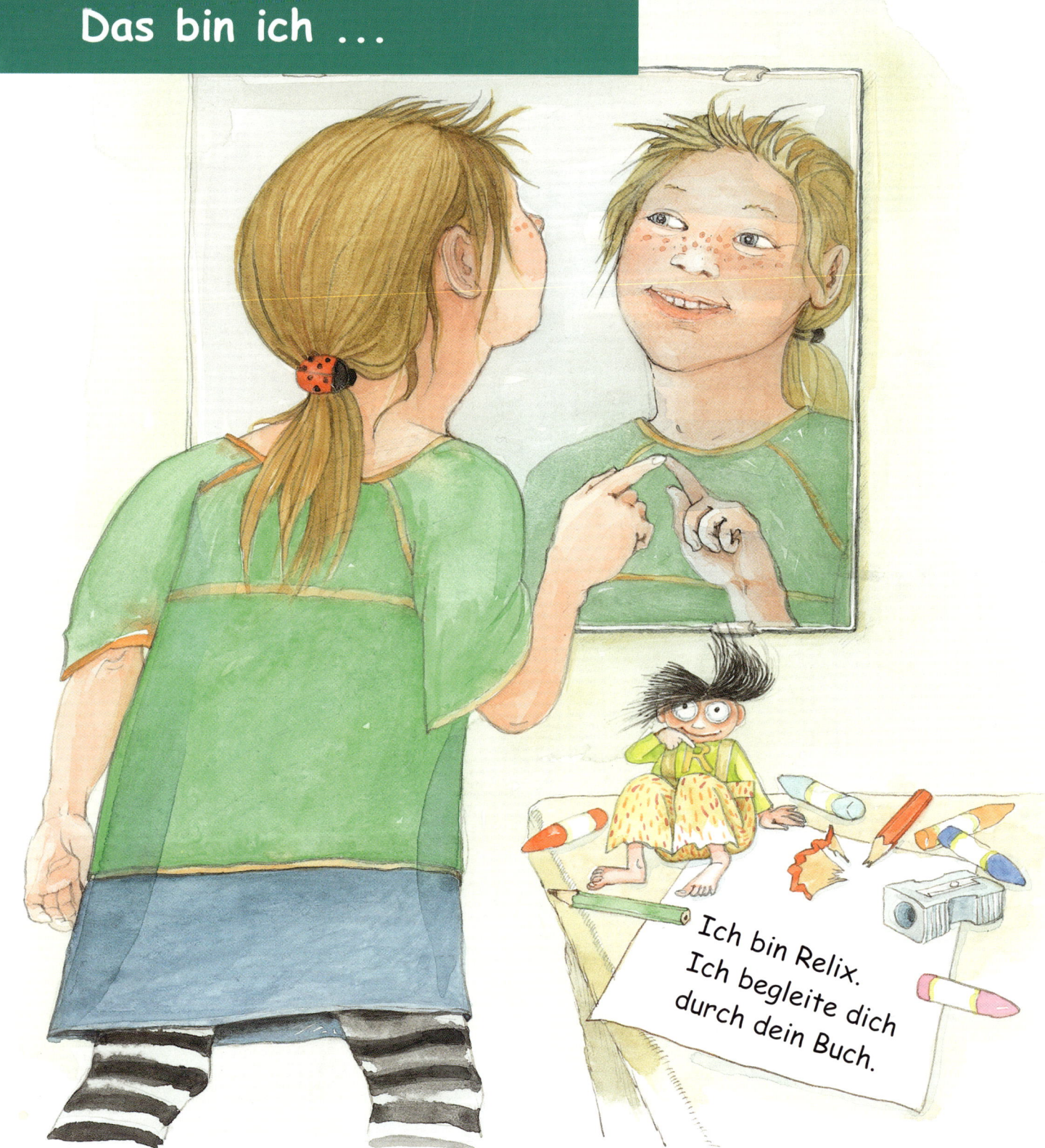

Ich bin Relix.
Ich begleite dich
durch dein Buch.

➤ Was entdeckst du, wenn du in den Spiegel schaust?

Ich geb nach rechts und links die Hand.
Schon bald bin ich mit dir bekannt.
Ich lache dir noch freundlich zu
und sage fröhlich: „Hallo, du!"

▶ Was fällt dir noch ein?

13

Wen mag ich?

➤ Wer hat Platz
in deinem Herzen?
➤ Von wem kannst du ein
Bild oder ein Zeichen
in dieses Herz legen?

Wer mag mich?

Weil du manchmal

T: Margot Eder
M: Hans Eder

Weil du manch-mal zu mir sagst, mit den Au-gen, mit den Hän-den, mit den
Fü-ßen, mit dem Mund, dass du mich von Her-zen magst, mit den
Au-gen, mit den Hän-den, mit den Fü-ßen, mit dem Mund, geht's in
mei-nem Le-ben rund. Denn dann freu ich mich, denn dann freu ich mich

1. und ich sag: Ich mag auch dich.

2. und ich sag: Ich mag auch dich!

2. Weil du manchmal mit mir schweigst,
   mit den Augen, mit den Händen ...
   und mir deine Freundschaft zeigst,
   mit den Augen, mit den Händen ...

3. Weil du manchmal bei mir wachst,
   mit den Augen, mit den Händen ...,
   meine Ängste kleiner machst,
   mit den Augen, mit den Händen ...

4. Weil du mit mir fröhlich singst,
   mit den Augen, mit den Händen ...
   und mich oft zum Lachen bringst,
   mit den Augen, mit den Händen ...

➤ Und wie merkst du, wer dich mag?

16

Gott ist für mich wie eine Mutter, die ihr Kind tröstet - wie ein liebevoller Vater - wie Sonnenstrahlen nach der dunklen Nacht - wie das Rauschen des Meeres - wie die Kraft der Sonne - wie der weite Himmel - wie eine sichere Burg - wie die Größe des Weltalls - wie eine Hand, die mich beschützt - wie eine Lehrerin, die mich mag - wie die Luft, die mich umgibt - wie ...

Ich kann singen, tanzen, fragen,
meine Not vor dich hintragen.
Ich kann springen und mich freu'n,
ich kann froh und traurig sein.

Guter Gott, du hörst mir zu.
Und so bitte ich dich: Du,
lass auf meinem Leben
ruhen deinen Segen.
Amen.

➤ Wie kannst du
mit Gott reden?

20

2 Auf den Spuren Jesu

➤ Wie könnte ein Tag von solchen Kindern aussehen?

➤ Warum hilft Leonardo Kindern?

Jesus und Bartimäus

Blinder Bartimäus

T/M: Franz Kett

Refr: Blin - der Bar - ti - mä - us, bist ein ar - mer Mann. Mann.

1. Du siehst nicht die Son - ne und nicht den blau - en Him - mel.

Refr: Blin - der Bar - ti - mä - us, bist ein ar - mer Mann.

Bartimäus braucht Hilfe.
Jesus kommt in die Stadt.
Bartimäus schreit.
Jesus hört ihn. Er ruft ihn.
Jesus heilt Bartimäus.

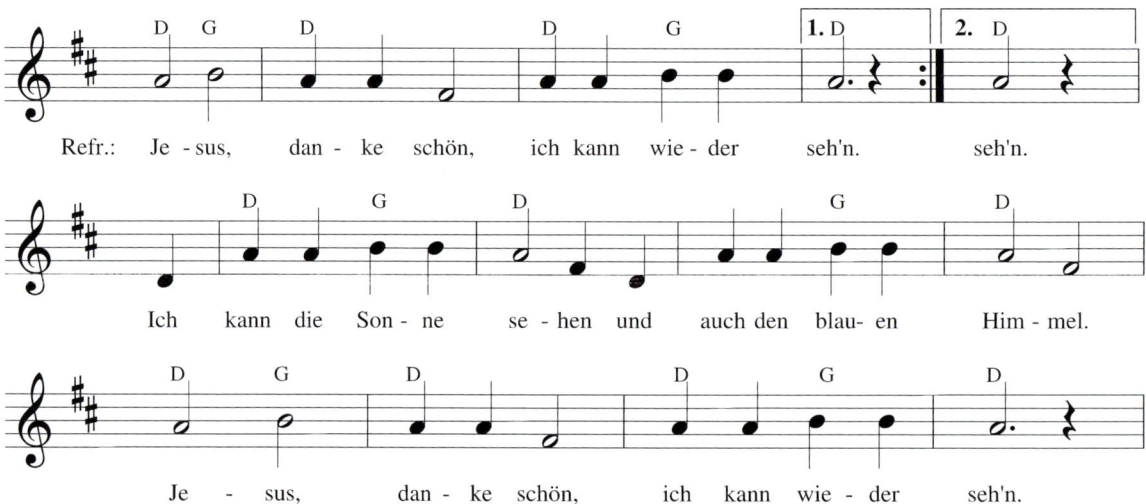

Refr.: Je - sus, dan - ke schön, ich kann wie - der seh'n. seh'n.

Ich kann die Son - ne se - hen und auch den blau - en Him - mel.

Je - sus, dan - ke schön, ich kann wie - der seh'n.

➤ Schau dir das Bild genau an! Ich sehe ... Ich denke ...
➤ Spiele die Geschichte. Du kannst dazu Instrumente verwenden.

► Was wird Jesus tun?

➤ Was soll der Hirte tun?

Gott liebt die Menschen
wie eine gute Mutter ihre Kinder
und wie ein guter Vater seine Kinder.
Gott liebt die Menschen wie …

33

Komm und folge mir

T/M: Franz Kett

Komm und fol-ge mir, schenk Got-tes Lie-be wei-ter.

Komm und fol-ge mir, wer-de froh und hei-ter.

Teil mit mir jetzt mei-ne We-ge, teil mit mir das Brot, den Wein.

Teil mit mir jetzt Leid und Freu-de. Lasset Freun-de jetzt uns sein.

Segne mich,
meine Freunde
und meine
Familie.
Amen

BIBEL
für die Grundschule

▶ Entdecke weitere Spuren Jesu!

3 Advent und
Weihnachten erleben

Warten ...

Tim war beim Schwimmen.
Tante Lisa wollte ihn abholen.
Alle sind schon weg.
Nur Tim steht noch da
vor der Schwimmhalle und wartet.

Mama will noch schnell etwas einkaufen.
Uta bleibt zu Hause.
Mama braucht länger als erwartet.
Es wird langsam dunkel.

Nachher wird Onkel Peter
zu Besuch kommen.
Er kann immer so spannende
Geschichten erzählen.
Evi freut sich sehr.

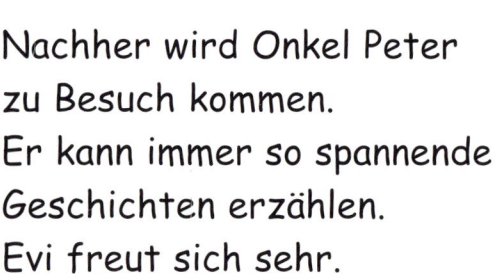

T: Peter Janssens
M: Rolf Krenzer
Peter Janssens Musikverlag, Telgte

Das Licht einer Kerze

1. Das Licht ei-ner Kerze ist im Ad-vent erwacht. Ei-ne klei-ne Ker-ze leuchtet durch die Nacht.

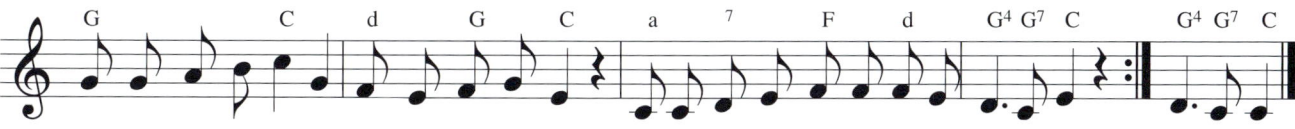

Al-le Menschen war-ten hier und ü-ber-all, warten voller Hoffnung auf das Kind im Stall, Kind im Stall.

37

Licht kommt in die Welt

Bartimäus erzählt:
Ich war blind,
Für mich war es immer dunkel.
Dann kam Jesus.
Jetzt ...

Levi erzählt:
Ich war ein Zöllner.
Die Menschen konnten mich
nicht leiden.
Ich war einsam.
Dann kam Jesus zu mir.
Jetzt ...

Die Christen müssen
sich verstecken.
Luzia bringt Speisen.
Kerzen leuchten auf ihrem Weg.

Ich steh an deiner Krippe hier.
Ich sehe dich mit Freuden an.

Paul Gerhardt, 1653

Der Stern zeigt den Weg

Die Weisen folgen dem Stern.

Sie finden das Kind.

Sie bringen Geschenke.

Wir folgen den Weisen.

Gold
ist wertvoll.

Weihrauch
steigt
zum Himmel.

Myrrhe
heilt.

Die Sternsinger ziehen
von Haus zu Haus.
Sie sagen:
Jesus, segne dieses Haus!
Sie singen.
Sie sammeln für Kinder in Not.

Wir feiern Weihnachten

Jesus ist geboren
in Betlehem und überall.
Den Freund der Menschen
sehet ihr in einem armen Stall.

Das Kind wird euer Bruder sein,
wird euer Leben teilen.
Das Kind wird euer Friede sein,
wird euch aus Liebe heilen.

F.K. Barth / P. Horst / G. Gerhard

44

Wie feierst du?

Stern über Betlehem

T/M: Alfred Hans Zoller

1. Stern ü-ber Bet-le-hem, zeig uns den Weg,

führ uns zur Krip-pe hin, zeig, wo sie steht,

leuch-te du uns vo-ran, bis wir dort sind.

Stern ü-ber Bet-le-hem, führ uns zum Kind!

2. Stern über Betlehem, nun bleibst du steh'n
und lässt uns alle das Wunder hier seh'n,
das da geschehen, was niemand gedacht.
Stern über Betlehem, in dieser Nacht.

3. Stern über Betlehem, wir sind am Ziel;
denn dieser arme Stall birgt doch so viel.
Du hast uns hergeführt, wir danken dir.
Stern über Betlehem, wir bleiben hier.

4. Stern über Betlehem, kehr'n wir zurück,
steht noch dein heller Schein in unserm Blick;
und was uns froh gemacht, teilen wir aus.
Stern über Betlehem, schein auch zu Haus.

4 Wir sind Kinder einer Erde

Der Flötevogel / Bahay Kubo

traditionelles Lied von den Philippinen
deutscher Text: Eckart Bücken

Hört hin, wenn es er-klingt und wie er singt,
Kun-del pa-tu-la, u--pot

und wie er singt, mal fern, mal nah, mal
ka-la-ba-sa at sa-ka mayroon pa, la-ba-

hier, mal da. Tra-la-la-la-la-la-la-
ros mus-ta sa. Sibu-yas, ka-ma-

la, tra-la-la-la-la-la-la-la, der
tis, ha-wang at lu-ya, at sa pa-

Flö-te-vo-gel__ singt.
ligid li-gid may tanhi-nga.

Süßer Couscous mit Rosinen und Datteln

Zutaten:

500 g Couscous

1 l Milch

200 g Zucker

150 g Rosinen

eine Hand voll Datteln

Ene mene muh
und drauß' bist du.
Drauß' bist du noch lange nicht;
sag mir erst, wie alt du bist.

➤ Worüber freuen sich diese Kinder?
➤ Worüber freuen wir uns?

Warum
lassen Kinder
die anderen
manchmal
nicht mitspielen?

Warum
können sich Menschen
manchmal nicht verstehen?

Wie ist es,
wenn einer im
Rollstuhl sitzen muss?

Warum müssen Kinder in anderen Ländern arbeiten?

Wirf deine Fragen in die Fragenkiste ein!

Ein bisschen Mut, dann wird's gut

T/M: Franz Kett

Manchmal ist es wichtig, mutig zu sein.
Manchmal ist es wichtig, nicht mutig zu sein.
► Überlegt zusammen.

Ist Daniel zu klein für Jesus?

Daniel will Jesus
treffen.

Die Jünger schimpfen:
Verschwinde, Jesus hat keine Zeit für Kinder!

Jesus hört das.
Er wird zornig.
Daniel und alle Kinder sollen zu mir kommen.
Ich will ihnen die Hände auflegen und sie segnen.

Was Kinder brauchen

Was braucht ein Kind zum Leben?

T: Rolf Krenzer
M: Siegfried Fietz

1. Was braucht ein Kind zum Leben? Zum
An - ziehn muss man ihm ge - ben: Strümpf und
Schuh. Noch da - zu war - me Klei - der und so wei - ter. Und das
Kind, ja, das Kind braucht zu je - der Zeit
Lie - be und Ge - bor - gen - heit. Und das Kind, ja, das Kind braucht zu
je - der Zeit Lie - be und Ge - bor - gen - heit.

2. Was braucht ein Kind zum Leben?
   Eine Wohnung muss man ihm geben.
   Auch ein Bett wäre nett.
   Warme Decken, schöne Ecken.
   Und das Kind, ja, das Kind
   braucht zu jeder Zeit
   Liebe und Geborgenheit.

3. Was braucht ein Kind zum Leben?
   Zu essen muss man ihm geben.
   Brot und Brei, vielerlei,
   alle Gaben, die wir haben.
   Und das Kind, ja, das Kind
   braucht zu jeder Zeit
   Liebe und Geborgenheit.

4. Was braucht ein Kind zum Leben?
   Viel Liebe muss man ihm geben:
   Mutter, Vater, Schwester, Bruder
   und Verwandte und Bekannte.
   Denn das Kind, ja, das Kind
   braucht zu jeder Zeit
   Liebe und Geborgenheit.

➤ Was brauchst du zum Leben?

➤ Was ist für dich besonders wichtig?

Ich habe Rechte.
Du hast Rechte.
Alle Kinder haben Rechte.

Alle Kinder sollen ...
satt werden ... geborgen sein und ein Zuhause haben
... spielen dürfen ... zur Schule und zu einem Arzt gehen
können ... sich auf den nächsten Tag freuen können ...

➤ Welche Kinder-Rechte sollte es noch geben?

Fast ein Gebet

Wir haben ein Dach
und Brot im Fach
und Wasser im Haus
da hält man's aus.

Und wir haben es warm
und haben ein Bett.
O Gott, dass doch jeder
das alles hätt!

Reiner Kunze

Dafür sind wir nicht zu klein

Die Freitags-Versammlung mitmachen
Wir sitzen im Kreis.
Wir überlegen mit unserer Lehrerin:
Was war in dieser Woche gut?
Was hat uns nicht gefallen?
Was nehmen wir uns für die nächste
Woche vor?

Die Knoten-Schnur lösen
Wir haben in der Schule manchmal Streit.
Da gibt es eine Schnur.
Wenn zwei Kinder streiten,
holt jemand die Schnur und
macht einen Knoten hinein.
Die Streithähne machen den Knoten auf,
dann geben sie sich die Hände
und vertragen sich wieder.

Eine schwierige Entscheidung treffen

Monika will sich heute mit ihrer
besten Freundin Katja treffen.
Sie muss ihr etwas Wichtiges erzählen.
Aber da kommt Sabine,
die neu in der Klasse ist.
Sie sagt zu Monika: „Ich lade dich ins
Kino ein. Ein toller Film wird gezeigt,
aber nur heute."

➤ Probiert eine Freitags-Versammlung aus!

➤ Und was kannst du schon,
was könnt ihr schon?

Kommt alle herein …

Wir laden euch ein.
Zusammen wollen wir Kinder dieser Erde sein.

T/M: Margret Birkenfeld

Ja, Gott hat al - le Kin - der lieb, je - des
Kind in je - dem Land. Er kennt al - le uns - re Namen,
al - le uns - re Namen, hält uns al - le, al - le in der
Hand. 1. Ich bin ein kleiner Es - ki - mo, aus
Schnee bau ich mein Haus. Und kommt kling klang ein
Schlit - ten ran, steck ich die Na - se raus.

2. Ich habe einen langen Zopf,
trag einen spitzen Hut.
Und meine Haut, die ist ganz gelb,
das steht mir aber gut.

3. Bei uns, im großen Afrika,
da scheint die Sonne heiß.
Ich bin ganz schwarz, hab krauses Haar
und Zähne blitzeweiß.

4. In meinem bunten Federschmuck
schleich ich mich durch den Wald
ganz leis auf meinen Mokassins,
wenn's knistert, mach ich Halt.

▶ Bereitet ein Erdenkinderfest
vor. Was braucht ihr dazu?

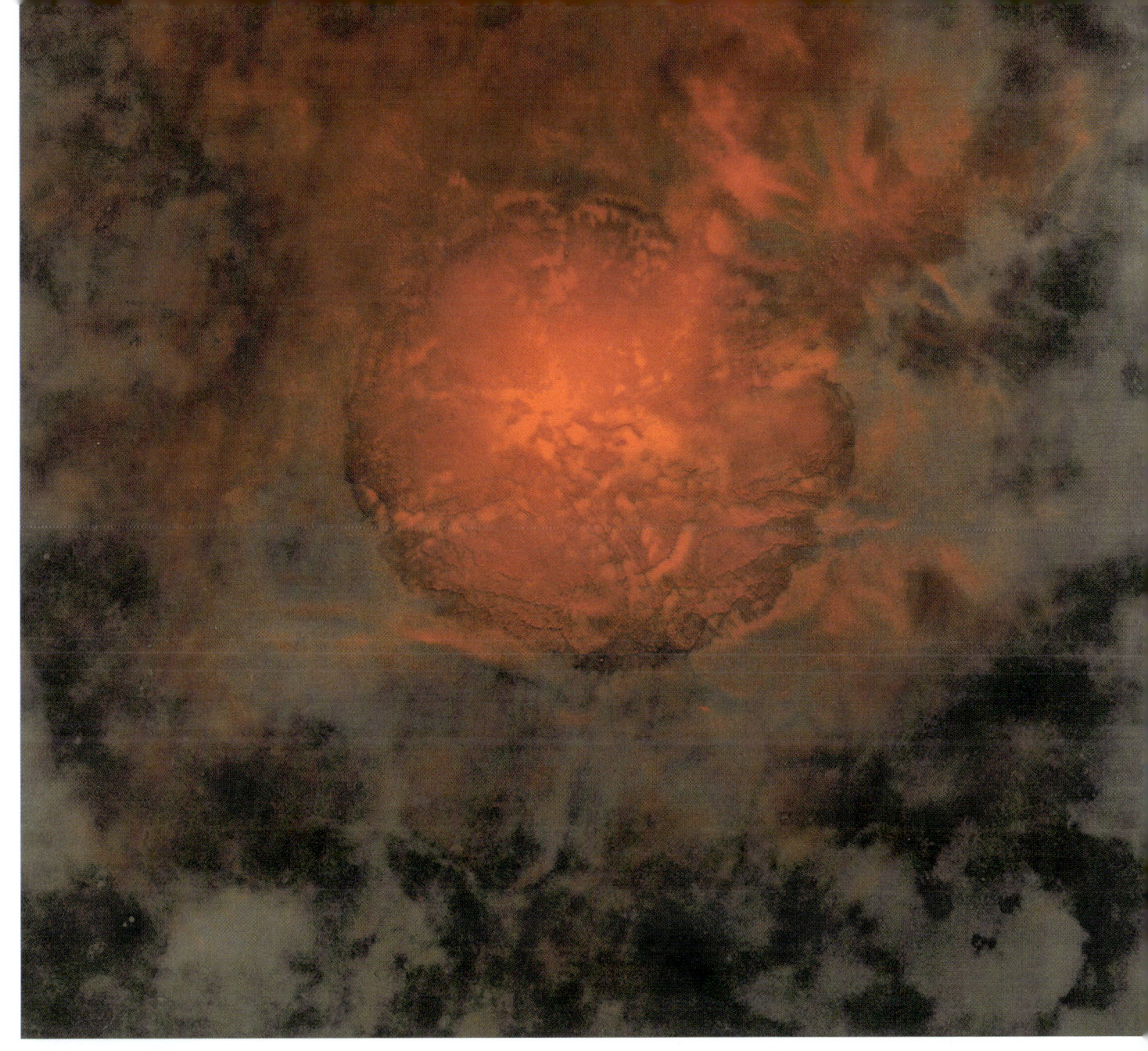

5 Ostern feiern

Osterzeit

➤ Warum feiern wir eigentlich Ostern?

SPINIS CONTEXTAM PONVNT TIBI XPE CORONA · CONPVLSVS VALDE FIT LIGHI PORTITORISTE

MVNDI SALVATOR MORITVR HIC VT MALEFACTOR · QVI SOLVS IVSTVS EST CV REIBIS CRVCIFIXV

GRANVM DEPOSITV DELIGNO MORTIFICATVM · OBSEQVIIS HORV SEPELITVR FRVCTIFICANDV

Jesus lebt

Drei Frauen gehen zum Grab.
Sie haben kostbare Salben bei sich.
Am Grab sehen sie: Der Stein ist weggewälzt.
Zwei Männer in leuchtenden Gewändern
stehen vor ihnen und sagen:

> Ihr sucht Jesus.
> Er ist nicht hier.
> Er ist auferstanden.
> Er lebt!

Da verlassen die Frauen das Grab.
Sie laufen zu den Freunden Jesu
und erzählen ihnen voll Freude:

> Jesus lebt!
> Er ist auferstanden!

Nach dem Lukas-Evangelium 24, 1-12

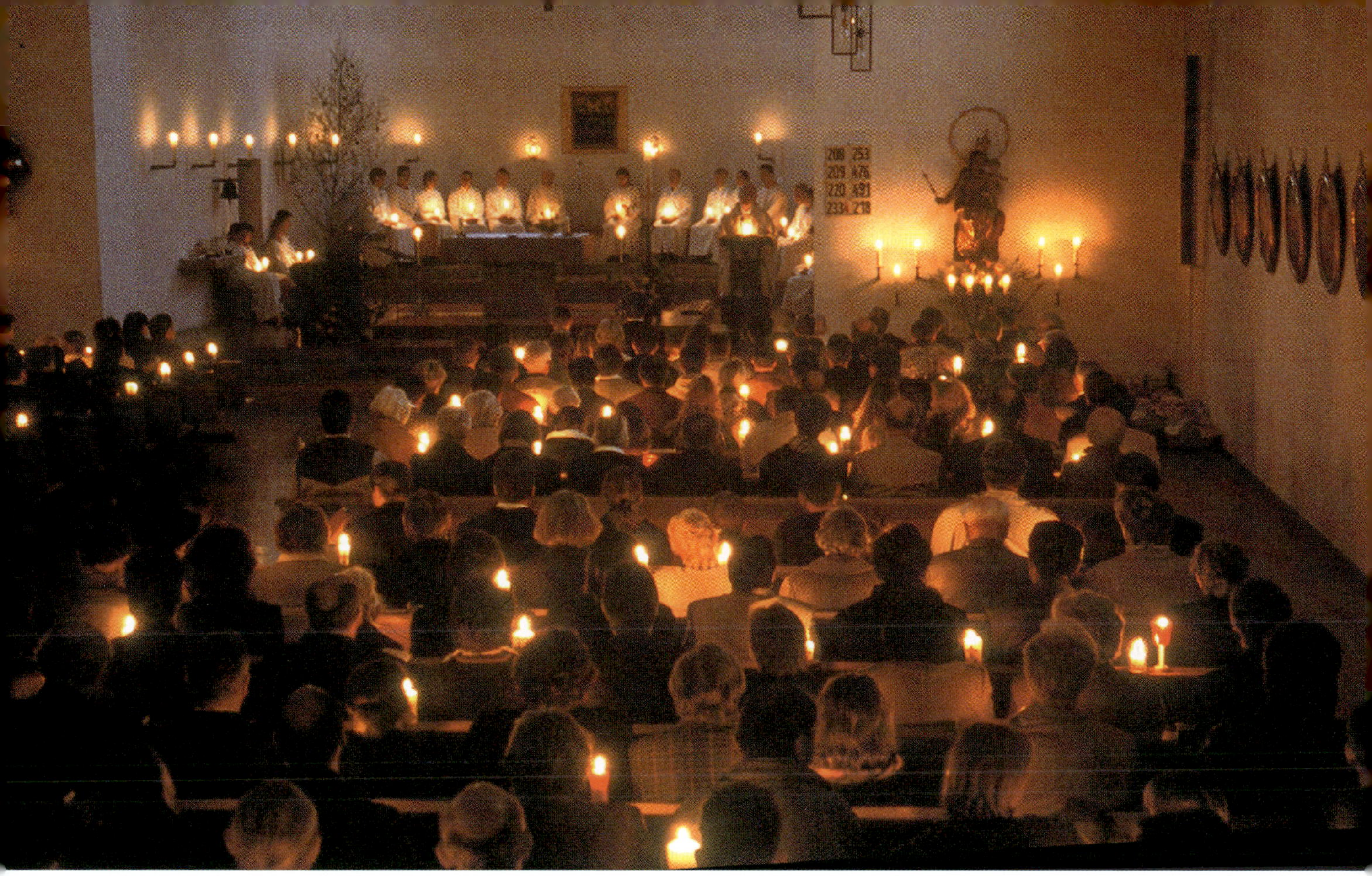

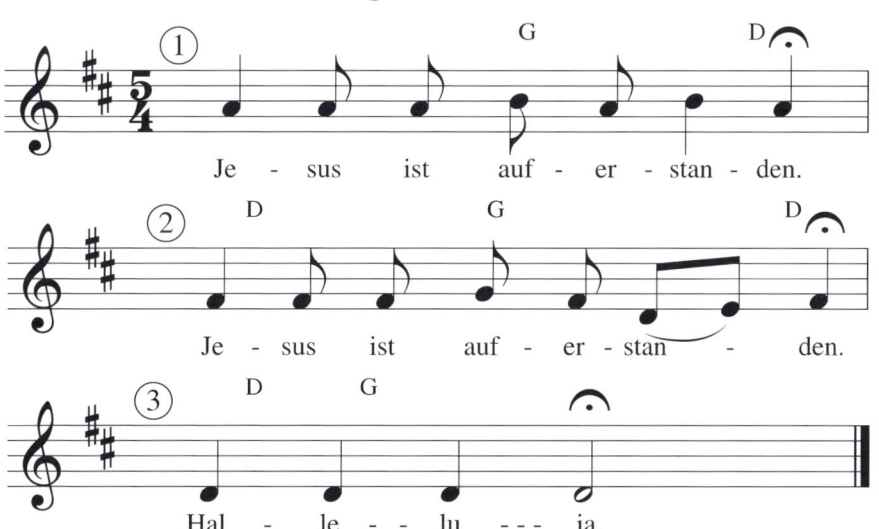

In der Osternacht feiern Christen die Auferstehung von Jesus und singen voll Freude:

1
G D
Je - sus ist auf - er - stan - den.
2
D G D
Je - sus ist auf - er - stan - den.
3
D G
Hal - le - - lu - - - ja.

Ein Osterlied

T: Rolf Krenzer
M: Paul G. Walter
Musikbär-Verlag

1. Gro-ße Leu-te, klei-ne Leu-te fei-ern fröh-lich
Os-tern heu-te, weil vom To-de Je-sus Christ
auf-er-stan-den, auf-er-stan-den, wirk-lich auf-er-stan-den ist.

Eine Ostergeschichte

In diesem Jahr freuen sich Anja und Markus ganz besonders auf Ostern. Ihre Mutter kommt nämlich am Samstag vor Ostern aus der Klinik nach Hause zurück.

Anja hat eine Idee: „Wir überraschen Mama mit einem schönen Osterfrühstück!"

Markus ist begeistert: „Das muss aber geheim bleiben. Papa und Oma sollen uns dabei helfen."

Voll Eifer beginnen sie zu planen. Anja schreibt auf ein Blatt, was sie alles brauchen:

Osterstrauß, bunte Eier, Osterkerze ...

➤ Helft Anja und Markus bei der Planung des Ostermorgens und macht ihnen Vorschläge.

Tod und Leben

Tobias erzählt: Oma ist gestorben.
Wir beten in der Kirche für Oma.
Der Priester zündet die Osterkerze an.
Tobias gehen viele Gedanken durch den Kopf.

Wenn ich einmal tot bin, holt mich Gott in den Himmel.
Im Himmel werde ich dann weiter leben.

Daniela, 10 Jahre

➤ Und wie denkst du darüber? Male dein eigenes Bild!

Wir tanzen

T/M: Franz Kett

Wir tan - zen, wir tan - zen, wir tan - zen vor dem Licht,

das von Je - sus, das von Je - sus spricht.

Aus dunk - ler Gra - bes - höh - le trat er he - raus ans Licht

wie sich die Knos - pe öff - net, die Blü - te auf - bricht.

➤ Überlege, wie du selbst eine Osterkerze gestalten kannst.
Du brauchst dazu eine weiße Kerze, farbige Wachsblättchen, ein Messer und einen Karton als Unterlage.

➤ Gestaltet einen Frühlingsstrauß für das Klassenzimmer.

➤ Du kannst Körner in einen Blumentopf säen. Gieße regelmäßig und beobachte!

➤ Warum schmücken Menschen zu Ostern ihre Brunnen?

6 Gottes Welt entdecken

Die Welt von oben sehen –
➤ Was fällt dir auf?

Als Gast bei einem Baum

➤ Finde deinen Lieblingsbaum.
  Schaue durch seine Äste
  in den Himmel.
  Höre das Rauschen der Blätter.
➤ Lege oder setze dich in das Gras.
  Wie viele verschiedene Gerüche
  kannst du unterscheiden?
  Was kannst du alles hören?
➤ Untersuche ein Stück Wiese.
  Was kannst du alles entdecken?

79

Wie wertvoll hast du mich erschaffen!

Ich staune über mich ...

wie mein Atem kommt und geht,
auch wenn ich schlafe ...

was meine Hände, was meine Füße alles können ...

was meine Nase und mein Mund,
was meine Ohren und meine Augen alles können ...

wie meine Haut die warme Sonne spürt,
die Regentropfen, die Kälte, das Streicheln, den Schmerz ...

wie ich spüre, was innen und was außen ist ...

wie ich meinen Puls und meinen Herzschlag fühlen kann ...

was ich für Träume habe ...

was ich alles denken kann ...

**Ich bin
in deinen Augen
teuer und wertvoll!**

Jes 43,4

Wie wunderbar sind deine Werke!

Du hast uns deine Welt geschenkt

T: Rolf Krenzer
M: Detlev Jöcker
Menschenkinder Verlag, Münster

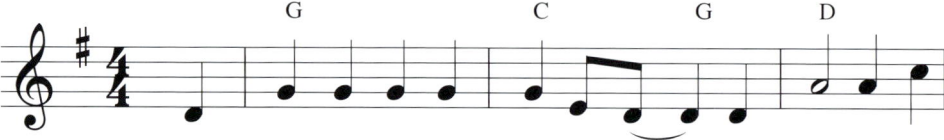

1. Du hast uns dei-ne Welt ge-schenkt: den Him-mel, die

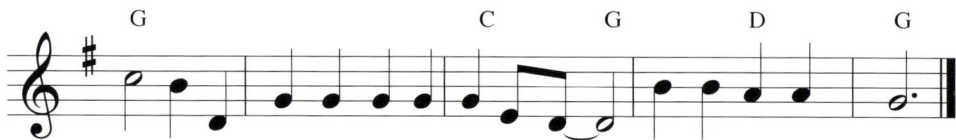

Er-de. Du hast uns dei-ne Welt ge-schenkt: Herr, wir dan-ken dir.

Herr, mein Gott, wie groß bist du!

Du lässt die Quellen sprudeln!

Allen Tieren des Feldes spenden sie Trank.

An den Ufern wohnen die Vögel des Himmels.

Aus den Zweigen erklingt ihr Gesang.

Herr, wie zahlreich sind deine Werke!

Mit Weisheit hast du sie alle gemacht.

Die Erde ist voll von deinen Geschöpfen.

Nach Ps 104

➤ Schreibe das Loblied weiter!

Was auch passieren kann

Uli, Tina, Tom und Anne wohnen in Burghausen.
Hinter der Stadt ist eine Wiese mit großen Bäumen.
Am Rand durften sich die Kinder ein Baumhaus bauen.
Jeden Tag treffen sie sich dort, sobald sie mit den
Hausaufgaben fertig sind. Sie tauschen Karten,
führen geheime Gespräche, beobachten
Vögel und machen Picknick.

Manchmal beschwert sich der
Besitzer, weil sie zu sehr über seine
Wiese getrampelt sind. Dann passen
sie wieder besser auf.

84

Eines Tages hören sie schon von weitem großen Lärm.
Riesige Maschinen stehen auf der Wiese:
Bagger, Raupen, Lastwagen, Kräne. Viele Arbeiter laufen herum.

Wie geht die Geschichte weiter?
▶ Leihe den Kindern, dem Besitzer,
▶ dem Baggerführer deine Stimme.

AÖ-UZ 53

Ich tu, was ich kann

Ich sorge zu Hause,
in der Schule, bei der Oma ...
für die Zimmerpflanzen.
Was muss ich beachten?

Ich hätte gerne
ein Haustier.
Ich informiere mich,
wie ich es pflegen muss.

Ich lerne
fünf Pflanzen
mit Namen kennen.

Für die ganze Klasse:
Wir sammeln
in einem Wald oder
Park Müll ein.

Ich schlage vor,
dass zu Hause und in der Klasse
der Müll getrennt wird.
Ich erkundige mich,
was dabei zu beachten ist.

Glas   Papier   Kunst-stoff   Rest-müll

Ich kann Wasser einsparen.
Wo? Wann? Wie?

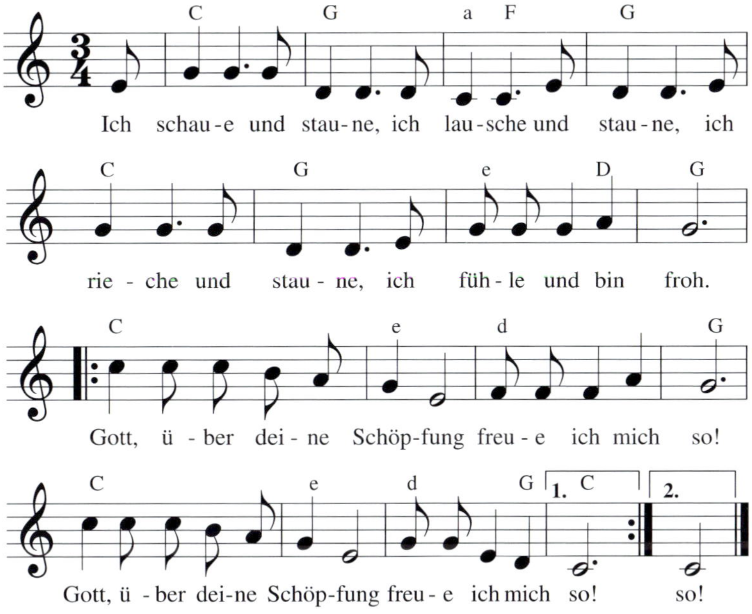

Ich schmücke den Altar
zum Kindergottesdienst
mit Wiesenblumen.

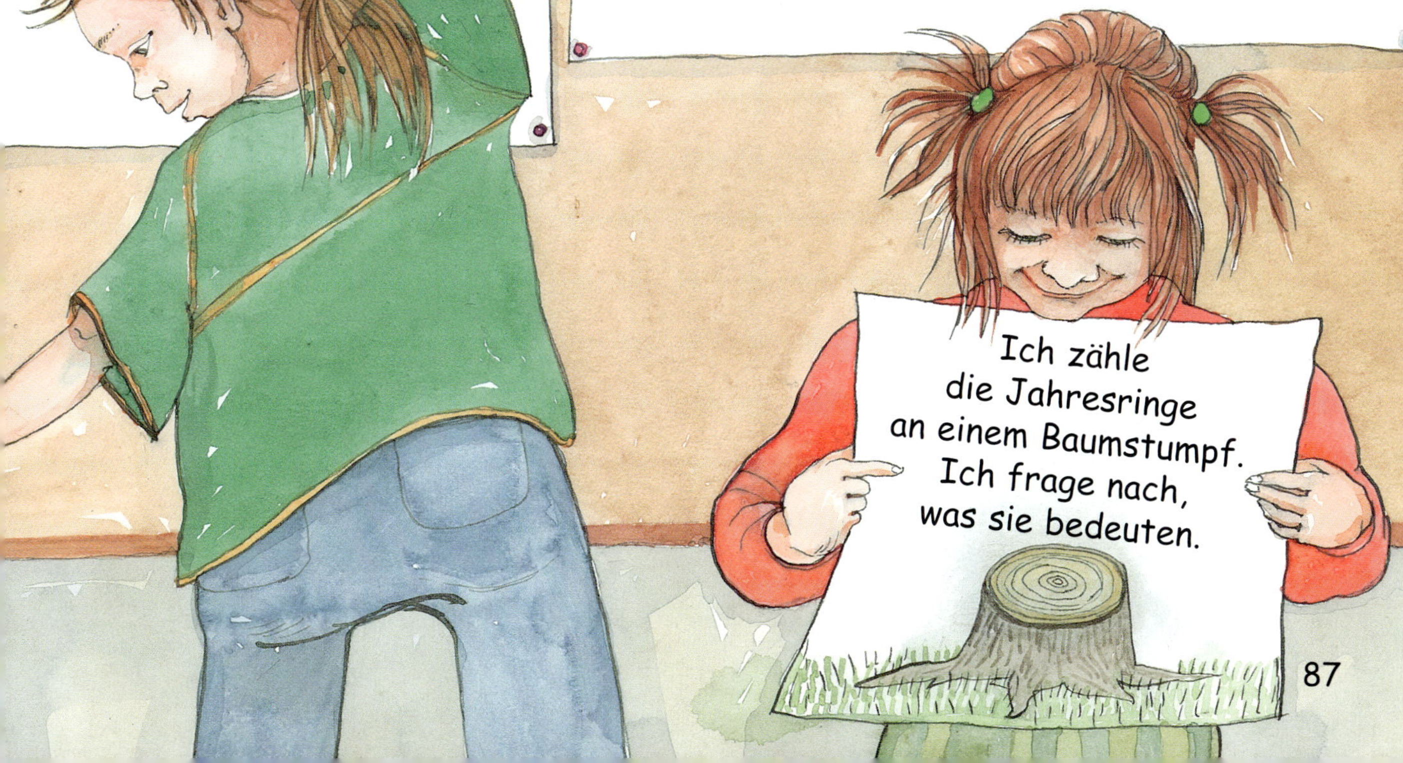

Ich schaue und staune

T/M: Elisabeth Buck

Ich schau-e und stau-ne, ich lau-sche und stau-ne, ich

rie-che und stau-ne, ich füh-le und bin froh.

Gott, ü-ber dei-ne Schöp-fung freu-e ich mich so!

Gott, ü-ber dei-ne Schöp-fung freu-e ich mich so! so!

Ich zähle
die Jahresringe
an einem Baumstumpf.
Ich frage nach,
was sie bedeuten.

Quellenverzeichnis

4 Foto: Boris Rostami-Rabet, Hamburg

5 o.: Foto: U. Heitmeier, Dachau, v.l.n.r.: in: Marielle Seitz, Urformen – Quellen der Phantasie. © 1997 Don Bosco Verlag, München – Foto: Günther Atzinger, Kammeltal

6 M/T: Monika Zimmermann. In: Zimmermann M., Träumen – Fühlen – Atmen, Bergmoser u. Höller Verlag, Aachen

7 Foto: Margot Eder, Seebruck

15 © Kösel-Verlag, München

16 v.l.n.r.: Foto: Lorenz Anzinger, München – Kösel-Archiv – Foto: Lorenz Anzinger, München – Bavaria-Bildagentur. Foto: Valder/Tormey

17 v.l.n.r.: Bavaria-Bildagentur. Foto: Michael J. Howell – ZEFA, Düsseldorf – Foto: Christof Bärhausen, Poppenhausen – Foto: Th. A. Naske, Randegg – Kösel-Archiv – Foto: Isolde Langer, Neunkirchen-Seelscheid

19 Foto: Doris Friemel, Augsburg

21 Georges Rouault (1871-1958), Haupt Christi, 1938, 105 x 75 cm, Öl auf Papier. Cleveland, Museum of Art. © VG Bild-Kunst, Bonn 2000

22 Foto: © Misereor/Butterflies, aus: Misereor-Werkheft '99. Einführung in die Fastenaktion. © Misereor Medienproduktion, Aachen 1999

23 © AK Menschen für ein Lebensrecht der Schöpfung, Christel Fattler, Rosenheim (2x)

24/25 Elisabeth kämmt einen Aussätzigen; speist einen Hungernden – Aus dem Elisabeth-Zyklus, um 1420, Lübeck. Foto: Heiligen-Geist-Hospital in Lübeck

26 T/M: Franz Kett © RPZ-Verlag, Landshut

27 Sr. Sigmunda May, Heilung des Blinden, 1973, 58 x 24 cm, Holzschnitt. Foto: M. Berta Weber. © Fotoarchiv Kloster Siessen

30 Idee in: Sibylle Reinhardt/Fritz Oser, Demokratisch urteilen und handeln. Vorschläge für den Unterricht. Erfahrungen und Materialien aus dem Modellversuch des Landes NRW „Demokratie und Erziehung in der Schule – Förderung moralisch-demokratischer Urteilsfähigkeit", hg. v. Landesinstitut für Schule und Weiterbildung, Soest 1991, Manuskript S. 84.86

31 Der gute Hirt. Deckengemälde in der so genannten Grabkammer der Verschleierten aus der Priscilla-Katakombe in Rom, Ende 3. Jh., Kösel-Archiv

32 v.l.n.r.: Foto: Anton Jäckle, Ebersberg – Nazaret von Süden. See Gennesaret mit Bucht von Magdala. Foto: Jörg Zink – Oase in der Steinwüste und Bucht von Magdala. Fotos: Anton Jäckle, Ebersberg (2x)

34 v.l.n.r.: T/M. Franz Kett, PRA Verlag, Landshut – vgl. zu S. 22 – Foto: Walter Liehmann, Bad Endorf – Kösel-Archiv

35 Emil Nolde (1867-1956), Familie, 1931, 111,5 x 74 cm, Öl auf Leinwand. © Nolde Stiftung Seebüll, Wvz Urban 1115

40/41 Gerard van Honthorst, Die Anbetung der Hirten, 1622, Wallraf-Richartz-Museum Köln. WRM 2122

43 Kindermissionswerk/Die Sternsinger. Bund der Deutschen Katholischen Jugend – wie S. 22

44 Friedrich Karl Barth, Peter Horst, Grenz Gerhard, in: Liederbuch Cantate, Cantabo-Verlag, Nürnberg, S. 263

46 T/M: Alfred Hans Zoller, Gustav Bosse-Verlag, Kassel

47 Pieter Bruegel d. Ä. (um 1528/30-1569), Die Kinderspiele, 1560, 118 x 161 cm, Öl auf Holz, Kunsthistorisches Museum Wien. GG 1017 (Ausschnitt)

48 v.l.n.r.: Kinder in Bolivien. Foto: Püschel/Misereor – Lied: Der Flötevogel/Bahay Kubo, traditionelles Lied von den Philippinen, dt. Text: Eckart Bücken, Kontakte Musikverlag, Ute Horb, Lippstadt – Foto: K.H. Melters/Missio

49 o: Foto: Ulla Heitmeier: Schulklasse 2a, VGS München-Karlsfeld – u.: in: Weltweit. Das Missionsmagazin der deutschen Jesuiten 4/2000, S. 9. Foto: Peter Balleis, Nürnberg

50 Vietnamesische Kinder, eines trat auf eine Landmine. Foto: K.H. Melters/Missio – Favela in Brasilien. Foto: Peter Förg, Augsburg

51 v.l.n.r.: Foto: K.H. Melters/Missio – Sudanesische Kinder vor ihrer Schule aus Lehmsteinen, Holz und Stroh. Foto: Overkamp/Misereor

53 T/M: Franz Kett, RPA-Verlag, Landshut

55 Emil Nolde (1867-1956), Christus und die Kinder, 1910, 86,5 x 106,5 cm, Öl auf Leinwand. © Nolde Stiftung Seebüll, Wvz Urban 1115

56 T: Rolf Krenzer/M: Siegfried Fietz. © Abakus Musik, Barbara Fietz, Greifenstein

57 Anzeige Brot für die Welt – Reiner Kunze, Fast ein Gebet, in: Wohin der Schlaf sich schlafen legt, S. Fischer, Frankfurt ²1991, S. 27

59 Freundschaftsdilemma nach Monika Keller/Wolfgang Edelstein, Die Entwicklung eines moralischen Selbst von der Kindheit bis zur Adoleszenz, in: dies. (Hg.), Moral und Person, Frankfurt 1993, 307-312

60 T/M: Margret Birkenfeld, Musikverlag Klaus Gerth, Asslar

61 Helmut Schober (*1947), Generatio III, 1992, 295 x 295 cm, Acryl, Mischtechnik auf Leinwand, Rechte beim Künstler

62 v.l.n.r.: Foto: Marcus Gloger/Joker – Bad Kohlgrub. Prozession am Palmsonntag. Foto: Bildagentur Mauritius, Mittenwald – Foto: Walter Liehmann, Bad Endorf – Foto: Th. Seidelmann/Mobile, Neckarbischofsheim

63 v.l.n.r.: In: Christa Peikert-Flaspöhler, Mit deinem Echo im Herzen. Neue Psalmen, Lahn Verlag, Limburg 1995, S. 13 – Foto: Walter Liehmann, Bad Endorf – In: Osterwasser und Osterbrunnen in Oberfranken v. Gustav Schmidt. Heimatbeilage zum Amtl. Schulanzeiger d. Regierungsbezirks Oberfranken, Ludwigstr. 20, 95444 Bayreuth. April 1998, Nr. 251, S. 16 – Foto: Lorenz Anzinger, München

64/65 In: Echternacher Codex, Germanisches Nationalmuseum, Nürnberg, Inv.-Nrn. HS 156142 fol. 110v und fol. 111r

67 Andreas Felger, Ich bin die Tür, Aquarell. © Präsenz Verlag, D-65597 Hünfelden

68 v.l.n.r.: Foto: G. Winkler, Bad Endorf – Fotos: Walter Liehmann, Bad Endorf (3x)

69 Foto: Walter Liehmann, Bad Endorf – Lied: M/T: Franz Kett. © Religionspädagogische Arbeitshilfen GmbH, Landshut

70 Fotos: Peter Wirtz, Dormagen – Walter Liehmann, Bad Endorf

71 T: Rolf Krenzer/M: Paul G. Walter, Musikbär-Verlag, Schriesheim

73 Daniela Sauter, in einer Untersuchung des Schulreferats Augsburg 1999

74 T/M: Franz Kett, Religionspädagogische Arbeitshilfen GmbH, Landshut – Foto: Heidi Amman, Gauting

75 Paul Klee (1879-1940), Der Vollmond, 232/1919, 50,4 x 38,1/38,5 cm, Öl auf Papier/Pappe, Staatsgalerie moderner Kunst/Bayerische Staatsgemäldesammlungen, München, Inv.Nr. 15249. © VG Bild-Kunst, Bonn 2000. Foto: Artothek

81 Pablo Picasso (1881-1973), Paulo beim Zeichnen, 1923, 130 x 97 cm, Öl auf Leinwand, Musée Picasso, Paris. © Succession Picasso / © VG Bild-Kunst, Bonn 2000

82 T: Rolf Krenzer/M: Detlev Jöcker, Menschenkinder Verlag, Münster – Fotos o.u.u.: Doris Friemel, Augsburg (2x) – Foto m.: in: Martin Jäggle u.a., Du magst mich, Wien 1994, S. 83

83 v.l.n.r.: Fotos: Stock Imagery/Bavaria – TCL/Bavaria – Bavaria/Peakock – Lorenz Anzinger, München (2x) – V. Reister, Filderstadt – Ulla Heitmeier, Dachau

87 T/M: Elisabeth Buck, in: Bewegter Religionsunterricht, Vandenhoeck & Ruprecht, Göttingen 1997, S. 75